essentials

essentials liefern aktuelles Wissen in konzentrierter Form. Die Essenz dessen, worauf es als „State-of-the-Art" in der gegenwärtigen Fachdiskussion oder in der Praxis ankommt. *essentials* informieren schnell, unkompliziert und verständlich

- als Einführung in ein aktuelles Thema aus Ihrem Fachgebiet
- als Einstieg in ein für Sie noch unbekanntes Themenfeld
- als Einblick, um zum Thema mitreden zu können

Die Bücher in elektronischer und gedruckter Form bringen das Fachwissen von Springerautor*innen kompakt zur Darstellung. Sie sind besonders für die Nutzung als eBook auf Tablet-PCs, eBook-Readern und Smartphones geeignet. *essentials* sind Wissensbausteine aus den Wirtschafts-, Sozial- und Geisteswissenschaften, aus Technik und Naturwissenschaften sowie aus Medizin, Psychologie und Gesundheitsberufen. Von renommierten Autor*innen aller Springer-Verlagsmarken.

Jan-Felix Schrape

Digitale Medien und Wirklichkeit

Eine aktuelle Einführung in den operativen Konstruktivismus

 Springer VS

Jan-Felix Schrape
Institut für Sozialwissenschaften
Universität Stuttgart
Stuttgart, Baden-Württemberg
Deutschland

ISSN 2197-6708   ISSN 2197-6716 (electronic)
essentials
ISBN 978-3-658-43020-7   ISBN 978-3-658-43021-4 (eBook)
https://doi.org/10.1007/978-3-658-43021-4

Die Deutsche Nationalbibliothek verzeichnet diese Publikation in der Deutschen Nationalbibliografie; detaillierte bibliografische Daten sind im Internet über http://dnb.d-nb.de abrufbar.

Planung/Lektorat: Katrin Emmerich
Springer VS ist ein Imprint der eingetragenen Gesellschaft Springer Fachmedien Wiesbaden GmbH und ist ein Teil von Springer Nature.
Die Anschrift der Gesellschaft ist: Abraham-Lincoln-Str. 46, 65189 Wiesbaden, Germany

Das Papier dieses Produkts ist recyclebar.

Was Sie in diesem *essential* finden können

- Einführung in die Grundlagen von Niklas Luhmanns Erkenntnistheorie
- Der operative Konstruktivismus als Theorie der digitalisierten Mediengesellschaft
- Social Media und Massenmedien in der gesellschaftlichen Wirklichkeitskonstruktion

Inhaltsverzeichnis

1 Einleitung 1

2 Operativer Konstruktivismus: Grundlagen und
   Unterscheidungen 3
   2.1 Beobachtung und Erkenntnis 4
   2.2 Kommunikation und Handlung 6
   2.3 Gesellschaftliche Sinnsysteme 8
   2.4 Massenmedien und Gegenwartsbeschreibung 11

3 Operativer Konstruktivismus in der digitalisierten Gesellschaft 15
   3.1 Die polykonkurrale Gesellschaft als Alltagserfahrung 16
   3.2 Algorithmische Selektion und soziale Komplexitätsreduktion 19
   3.3 Social Media, Massenmedien und Gegenwartsbeschreibung 22
   3.4 Rückkoppelungseffekte und kommunikative Mobilität 26

4 Digitale Medien und gesellschaftliche Wirklichkeitskonstruktion ... 29

Literatur 35

Über den Autor

Jan-Felix Schrape ist außerplanmäßiger Professor am Institut für Sozialwissenschaften der Universität Stuttgart. Seine Schwerpunkte liegen in der Technik-, Medien- und Innovationssoziologie, der soziologischen Theorie und der sozialwissenschaftlichen Digitalisierungsforschung.

Einleitung

1

„Die sogenannte Wirklichkeit", gab Paul Watzlawick (1976: 7) vor fast 50 Jahren zu Protokoll, ist „das Ergebnis von Kommunikation". Zweifelsohne wird unsere Lebenswelt durch physikalische, chemische, biologische und technisch-materielle Gegebenheiten sowie soziale Tatbestände geprägt, die sich auch mit Aufwand nicht wegdiskutieren lassen. Wie diese Gegebenheiten und Tatbestände allerdings verstanden und interpretiert werden, variiert je nach Beobachtungsperspektive erheblich. Vor dem Hintergrund divergenter individueller Lebenserfahrungen, kollektiver Kommunikationsverläufe und soziokultureller Entwicklungsdynamiken bildet sich eine Vielzahl unterschiedlicher Wirklichkeitsauffassungen heraus, die bisweilen komplett unvereinbar erscheinen. Noch nie war dies so augenfällig wie auf den Plattformen des Social Webs, auf denen mannigfaltige Standpunkte im unmittelbaren Widerstreit zueinanderstehen, hochfrequente Aufmerksamkeits- und Desinformationskampagnen gefahren werden sowie unzählige Influencer:innen Produkt-, Politik- oder Selbstmarketing betreiben.

Die Wirklichkeit ist eine umkämpfte Bezugsgröße – und das, was wir als gelebte Lebensrealität ansehen, lässt sich in erster Linie als das Ergebnis sozialer Verständigungsprozesse beschreiben. Ursprünglich war das Wort ‚Wirklichkeit' denn auch weniger ein Zustands- als ein Prozessbegriff: Es wurde von Eckhart von Hochheim (ca. 1260–1328) als mittelhochdeutsche Übersetzung *(werkelicheit)* des mittellateinischen Begriffs *actualitas* eingeführt, der sich primär auf das bezieht, was hervorgebracht worden ist und gegenwärtig wirkt. Der Verdacht, dass Wirklichkeit eine soziale verortete Angelegenheit ist, wurde auch in der Soziologie früh formuliert: Schon Auguste Comte (1798–1857) beschäftigte sich dem wandelnden Realitätsverständnis einer Kultur; Max Scheler (1874–1928) betonte

J.-F. Schrape, *Digitale Medien und Wirklichkeit*, essentials,
http://doi.org/10.1007/978-3-658-43021-4_1

die „fundamentale Tatsache der sozialen Natur alles Wissens" (Scheler, 1926: 5); Alfred Schütz (1899–1959) vermutete, dass die Lebenswelt ihre Stabilität aus dem Vertrauen auf die „substanzielle Identität der individuellen Erfahrung" beziehe (Schütz, 1972: 111). Und Peter L. Berger (1929–2017) und Thomas Luckmann (1927–2016) wendeten diese Einsichten explizit auf die Alltagswelt an, in der sie alle Menschen mit einer Kaskade sozial eingeschliffener Wirklichkeitssichten konfrontiert sehen, die zumeist unhinterfragt internalisiert werden (Berger & Luckmann, 1966).

Massenmedien, das wurde u. a. durch die Arbeiten von Marshall McLuhan (1964) und Betty Friedan (1963) oder die Romane von Philip K. Dick (z. B. „The Penultimate Truth", 1964) in der zweiten Hälfte des 20. Jahrhunderts immer offensichtlicher, spielen in den Abstimmungsprozessen zwischen individueller und kollektiver Weltsicht eine prominente Rolle. Massenmedien erreichen nicht nur ein großes Publikum, sondern vermitteln angesichts knapper Aufmerksamkeitsressourcen stets auch ein höchst selektives Bild des Weltgeschehens, in dem spezifische Zusammenhänge herausgearbeitet werden, während andere Relationen aus dem Blick fallen. Sie tradieren in ihren Informations- und Unterhaltungsangeboten etablierte Sichtweisen und bieten in der individuellen Sozialisation eine prominente Orientierungs- und Abgrenzungsfläche. Und sie haben im Zuge ihrer Herausbildung – von den ersten Druckmedien bis hin zum World Wide Web – die menschlichen Kommunikationsmuster grundlegend transformiert. Fundamentale Rekonfigurationen in den Medienstrukturen gehen insofern stets mit weitreichenden Veränderungen in der gesellschaftlicher Wirklichkeitskonstruktion einher (Couldry & Hepp, 2022).

Dieser Einführungsband setzt sich damit auseinander, wie sich die sozialen Sinnbildungsprozesse in der Genese einer als geteilt markierten Wirklichkeit durch die Institutionalisierung von Social-Media-Plattformen als genuin neue Medienform wandeln und in welchem Verhältnis digitale Medien und Massenmedien in der gesellschaftlichen Gegenwartsbeschreibung zueinanderstehen. Dies geschieht aus der erkenntnistheoretischen Perspektive des operativen Konstruktivismus, die Niklas Luhmanns (1927–1998) Soziologie im Kern als eine Theorie gesellschaftlicher Wirklichkeitskonstruktion ausweist und – so die These – nach wie vor instruktive konzeptuelle Werkzeuge bereithält, um die kommunikativen Dynamiken der digitalisierten Gesellschaft zu studieren. Denn: Ein zentraler Bezugspunkt Luhmanns bestand in der Kontingenz aller Erkenntnis in einer polykontexturalen Gesellschaft. Und an dieser Diagnose hat sich im Zeitalter von Social Media, Big Data und künstlicher Intelligenz nichts geändert – im Gegenteil.

Niklas Luhmanns Theorie sozialer Systeme irritiert seit Generationen Studierende aller sozialwissenschaftlichen Disziplinen und ruft unter Sozialforschenden abweichender Provenienz regelmäßig Abwehrreaktionen hervor, die sich vor allem anderen auf die theorieelementare Entscheidung beziehen, „den Menschen als Teil der Umwelt der Gesellschaft" anzusehen (Luhmann, 1984: 228 f.). Noch zu Luhmanns Lebzeiten warf etwa Renate Mayntz (1997: 199) der Systemtheorie vor, soziale Systeme „auf bloße Kommunikationen" zu verkürzen und „damit ihres realen Substrats" zu berauben. In jüngeren Publikationen wird demgegenüber darüber verhandelt, ob eine solche „kommunikativ-formale Verengung des Sozialen" womöglich gerade die Möglichkeit eröffnen könnte, auch „nicht-menschliche Entitäten als Zurechnungspunkte einer Sozialität" zu beschreiben, die sich über „kommunikative Anschlussmöglichkeiten definiert" (Dickel, 2022: 14; Esposito, 2022).

Die folgenden Ausführungen fokussieren auf einen Erklärungsbereich, der sich von Fragen nach adäquaten Gesellschaftsmodellen ein Stück weit entkoppeln lässt: das Verhältnis von Kommunikation, Medienstrukturen und einer sozial kristallisierten Bezugswirklichkeit. Ausgehend von ihrer epistemologischen Grundlegung lässt sich Luhmanns Soziologie als eine Theorie gesellschaftlicher Wirklichkeitskonstruktion lesen, die sich mit der Frage auseinandersetzt, wie die Herstellung einer als geteilt markierten Wirklichkeit trotz der Kontingenz aller Erkenntnis möglich wird (Luhmann, 1988). Diese Kontingenz aller Wirklichkeitssichten tritt in der digitalisierten Gesellschaft angesichts der Vielzahl an Informations- und Kommunikationsmöglichkeiten so offenkundig zutage wie niemals zuvor. Die Frage nach dem Zustandekommen einer als gemeinsam verstandenen gesellschaftlichen Wirklichkeitsbeschreibung, die nicht zuletzt als

J.-F. Schrape, *Digitale Medien und Wirklichkeit*, essentials, https://doi.org/10.1007/978-3-658-43021-4_2

Bezugsgrundlage in politischen Entscheidungsprozessen dienen kann, ist mithin von außerordentlicher Aktualität und Brisanz.

2.1   Beobachtung und Erkenntnis

Die These, dass unser Verständnis von Wirklichkeit durch individuelle Erfahrung geprägt wird und eine prinzipiell relative Angelegenheit ist, wurde in der Philosophie bereits in der Antike verfolgt, von Platon (ca. 428–347 v. Chr.) bis Karl Popper (1902–1994) in vielfältiger Weise diskutiert und insbesondere ab dem späten 20. Jahrhundert in zahlreichen populärkulturellen Werken wie etwa den Kinofilmen und Serien der Wachowskis (z. B. „Matrix", 1999; „Sense8", 2015–2018) thematisiert. Luhmanns operativer Konstruktivismus greift diese Annahme in Einklang mit der neueren Kognitionswissenschaft (z. B. Friedenberg et al., 2022) auf und geht davon aus, dass Wissen und Wissende untrennbar miteinander verknüpft sind: „Die primäre Realität liegt, die Kognition mag darauf reflektieren, wie sie will, nicht in ‚der Welt da draußen', sondern in den kognitiven Operationen selbst." (Luhmann, 1996: 17)

Die Existenz einer ontologischen Realität wird im operativen Konstruktivismus zwar nicht bestritten, sonst hätte „ja auch der Begriff der Systemgrenze […] keinen Sinn" (Luhmann, 1996: 18). Diese kann aber keinesfalls beobachterunabhängig erfasst werden, weshalb erst einmal ebenso viele Wirklichkeitssichten vorliegen, wie es *psychische Sinnsysteme* (menschliche Bewusstseinseinheiten) und *soziale Sinnsysteme* (Kommunikationszusammenhänge) gibt. Luhmann (1994: 82) setzt die Welt folglich nicht als Gegenstand, sondern „als Horizont" voraus, der „abhängig von der Unterscheidung, die der Beobachter verwendet", interpretiert wird: „Luhmann's theory of operative constructivism radicalises hermeneutics by spelling out that observation always involves an observer, and as such it is always biased." (Rasmussen, 2004: 177) Jede Beobachtung ist bereits ein Akt der Interpretation – „seeing is a ‚theory-laden' undertaking" (Hanson, 1958: 19). Ohne Vorwissen würden wir etwa ein Schriftzeichen gar nicht als solches erkennen; umgekehrt vervollständigen wir selbst fragmentarischen Input nach erlernten Mustern.

Jeder Mensch nimmt seine Umwelt angesichts verschiedener Erkenntnisbiografien anders wahr; jedes psychische Sinnsystem deutet Umweltereignisse in Abhängigkeit von seinen bisherigen gesellschaftlichen Erfahrungen. Die Wirklichkeitsauffassung eines Individuums lässt sich in diesem Sinne als „Kreuzungspunkt unzähliger sozialer Fäden" (Simmel, 1890: 103) beschreiben. Ebenso werden in jedem Kommunikationszusammenhang eigensinnige Wirklichkeits-sichten in Anschlag gebracht; jedes soziale Sinnsystem setzt spezifische Beobachtungsschwerpunkte und legt Beobachtungen entlang zuvor stattgefundener Kommunikationsverläufe aus.

Psychische und soziale Sinnsysteme zeichnen sich aus Sicht des operativen Konstruktivismus sowohl durch *kognitive Offenheit* als auch durch *operative Geschlossenheit* aus (Abb. 2.1): Sie nehmen ihre Umwelt mit allen Sinnen wahr und sind in diese Umwelt unablösbar eingelassen – und zugleich können sie ihre Wahrnehmungen einzig im Kontext ihrer eigenen Operationen interpretieren. Ein Mensch kann sich nicht aktiv dafür entscheiden, alles zuvor Gedachte zu vergessen, um möglichst ‚offen' an eine Situation heranzugehen. In einem Kommunikationszusammenhang lassen sich vorangegangene Diskussionen und darin entwickelte Perspektiven nicht einfach aus dem kollektiven Gedächtnis löschen. Anders formuliert: „[…] the only reality in which different systems, both psychic and social, can operate is the reality that stems from their own operations." (Nassehi, 2012: 14)

Um Kompatibilität zwischen diesen divergenten Wirklichkeitssichten zu schaffen, werden sozial kristallisierte Symbolstrukturen und übergreifende Bezugsgrundlagen notwendig, da ansonsten bereits in alltägliche Kommunikationszusammenhänge unzählige individuelle Erfahrungsgrundsteine eingebracht werden müssten (dazu auch: Elias, 2001; Abrutyn & Turner, 2022): Ohne eine gemeinsame Sprache bleibt Verständigung aufwendig; ohne ein geteiltes Zeit- und Zahlenverständnis wären viele Prozesse sozialer Koordination nicht denkbar;

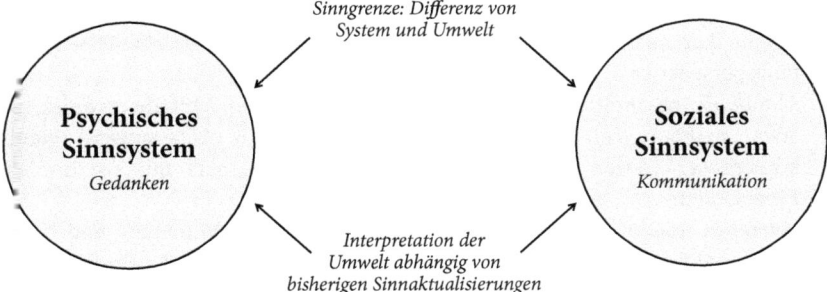

Abb. 2.1 Operativ geschlossene, aber kognitiv offene Sinnsysteme. (Quelle: eigene Darstellung)

ohne ein kollektiv verankertes Geldkonzept würde selbst der Brötchenkauf zu einer hochkomplexen Angelegenheit.

2.2 Kommunikation und Handlung

Mit der Grundüberzeugung des operativen Konstruktivismus, dass jede Beobachtung ein Akt der eigensinnigen Interpretation ist und jede Wirklichkeitsbeschreibung einen beobachterrelativen Charakter aufweist, geht ein spezifisches Verständnis von Kommunikation einher, das sich mit neueren Ansätzen der Kommunikationspsychologie (z. B. Schulz von Thun, 2014; Ludewig, 2021) in Bezug setzen lässt.

Da Menschen keine determinierbaren Entitäten sind, erscheint der gemeinhin übliche Übertrag des technisch geprägten Sender-Empfänger-Modells (Shannon & Weaver, 1949) auf die menschliche Kommunikation aus Luhmanns Sicht verfehlt: Inhalte lassen sich nicht ohne Interferenzen zwischen Bewusstseinseinheiten übertragen, sondern können anders ausgelegt, selektiv wahrgenommen oder wieder vergessen werden; divergente Prägungen können das Verständnis behindern (Watzlawick et al., 2016). Dazu kommt die Intransparenz menschlicher Kognition: Wir können nie gesichert wissen, was das Gegenüber denkt; wir können einzig danach streben, uns verständlich zu machen und zu verstehen. Die Theorie sozialer Systeme begreift Kommunikation daher als eine Triade dreier kontingenter Selektionen (Luhmann, 1984: 203 f., 2002: 280 f.):

- *Information* bezeichnet die Auswahl aus einem Horizont an Möglichkeiten, was inhaltlich mitgeteilt werden soll. Diese Selektion bestimmt sich nicht unmittelbar aus Umweltereignissen, sondern aus der angelegten Beobachtungsperspektive.
- *Mitteilung* beschreibt die Selektion einer bestimmten Mitteilungsweise, so etwa in Form von sprachlichen oder schriftlichen Äußerungen, mittels körperlicher Gesten oder über medientechnische Kanäle mit spezifischen Eigenheiten.
- *Verstehen* umschreibt die Wahl, wie die Differenz von Mitteilung und Information beobachtet wird (‚Was ist wie mitgeteilt worden?‘), sowie die daraus resultierende Anschlussselektion, aus der sich ableiten lässt, wie verstanden worden ist.

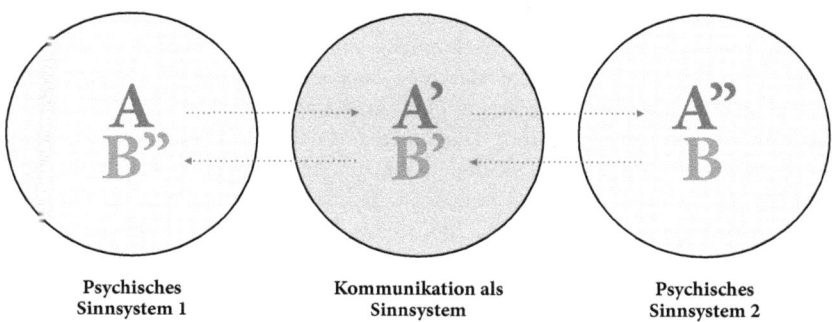

Psychisches   **Kommunikation als**   **Psychisches**
Sinnsystem 1   **Sinnsystem**   **Sinnsystem 2**

Abb. 2.2   Kommunikation als soziales Sinnsystem. (Quelle: eigene Darstellung)

Erst durch die Synthese dieser drei Selektionen kommt Kommunikation aus der Sicht des operativen Konstruktivismus zustande und wird folglich als selbstreferenzieller Prozess beschrieben: als ein aus sich selbst heraus stabilisierendes soziales Sinnsystem, das zwischen den beteiligten psychischen Sinnsystemen steht (Abb. 2.2). Wenn Bewusstseinseinheit 1 im einfachsten Fall Bewusstseinseinheit 2 etwas mitteilen will, muss das, was mitgeteilt werden soll (A), zuerst einmal in eine mitteilungsmögliche Form übersetzt werden. Bewusstseinseinheit 2 kann wiederum nicht auf A selbst Bezug nehmen, sondern nur auf eine externalisierte Ableitung (A′), also auf einen Gedanken, der sprachlich enkodiert worden ist. Weiterhin muss Bewusstseinseinheit 2 diese Äußerung aber auch erst wieder dekodieren. Sie bezieht sich in ihrer Reaktion B also stets auf A″ – auf die Mitteilung A′, so wie sie diese interpretiert hat (daher oft die Rückfrage: ‚Habe ich das richtig verstanden?‘).

Das, was Sozialforschende beobachten können, besteht insofern einzig in dem Sinnzusammenhang, der zwischen den beteiligten Bewusstseinseinheiten sichtbar wird. Dieser Sinnzusammenhang ist das Einzige, worauf weitere Kommunikation im Paradigma der Theorie sozialer Systeme aufbauen kann. Alles andere – seien es Gedanken oder Handlungen – muss zunächst beobachtet und kommunikativ enkodiert werden, bevor sich darauf Bezug nehmen lässt (ähnlich wie in einem Thread im Web). Luhmann (1997: 68 f.) exkludiert den Menschen also zunächst analytisch aus der Gesellschaft, um präzise Unterscheidungen zu ermöglichen. Zugleich erkennt er aber deren Durchdringung an: Gesellschaft wird einzig durch Kommunikation konstituiert – und für den Prozess der Kommunikation sind psychische Sinnsysteme als syntaktische und semantische Interpreter unerlässlich.

Die These des operativen Konstruktivismus mündet damit auch in einer sozialtheoretischen Rochade von ‚Handlung' und ‚Kommunikation' (Luhmann, 1984: 241 ff.): Da Handlungen stets erst beobachtet und in die Kommunikation eingebracht werden müssen, um dort einen Unterschied machen, erscheinen sozialen Akteuren beigemessene Handlungen ebenso als kontextrelatives Konstrukt wie das Bild eines handelnden Akteurs als Projektionsfläche für eine Vielzahl an Sinnzuschreibungen fungiert. Individuellen und kollektiven Akteuren (z. B. sozialen Bewegungen; Tilly, 2002) bzw. Organisationen (Luhmann, 2000) werden spezifische Eigenheiten und Handlungsorientierungen zugerechnet – und diese Attributionen können je nach Beobachtungsperspektive erheblich variieren (Schrape, 2017a).

2.3   Gesellschaftliche Sinnsysteme

Angesichts der im operativen Konstruktivismus konstatierten Beobachterrelativität aller Erkenntnis erscheint Kommunikation erst einmal „unwahrscheinlich, obwohl wir sie jeden Tag erleben" (Luhmann, 1981: 26). Damit als erfolgreich wahrgenommene Kommunikation zustande kommen kann, müssen in der Regel drei Unwahrscheinlichkeiten überwunden werden:

- Erstens muss die Mitteilung den Adressaten erreichen bzw. in seinen Aufmerksamkeitsbereich geraten. Dieses Erreichen wird in der modernen Gesellschaft durch (elektronische) Verbreitungsmedien erleichtert.
- Zweitens erscheint es unwahrscheinlich, dass der Adressat die Mitteilung zumindest in der Tendenz so versteht, wie sie gemeint war. Dieses Verstehen wird durch geteilte Symbolstrukturen und Wirklichkeitssichten vereinfacht.
- Drittens ist es unwahrscheinlich, dass der Adressat im erwarteten Rahmen auf die Mitteilung reagiert. Ein Gradmesser hierfür ist die subjektiv wahrgenommene Glaubwürdigkeit bzw. der Nutzwert der mitgeteilten Inhalte.

Neben sozial kristallisierten Symbolstrukturen tragen in Luhmanns Soziologie *soziale Funktionssysteme* – also auf spezifische Funktionen zugeschnittene gesellschaftliche Sinnsysteme – dazu bei, die Wahrscheinlichkeit für erfolgreiche Kommunikation zu steigern (Tab. 2.1). Die Aussage, dass „es Systeme gibt" (Luhmann, 1984: 30), dient dabei nicht nur der analytischen Trennung, sondern bezieht sich auf die Existenz unterscheidbarer Sinnsysteme, denen sich Menschen auch im Alltag bewusst sind:

„Sie wissen zum Beispiel, ob sie gerade Straßenbahn fahren oder ob sie Skat spielen, ob sie sich an einer politischen Wahl beteiligen, ob sie bei der Arbeit im Büro sind oder mit ihrer Familie zu Abend essen. Und jeweils halten sie sich an bestimmte Systemregeln und kennen die Systemgrenzen – wissen also, was sie hier so nicht tun können." (Luhmann, 1973, Min. 2:55)

Soziale Funktionssysteme wie Politik, Wirtschaft oder Recht reduzieren die Komplexität der Kommunikation in spezialisierten Bereichen. Jedes funktionale Sinnsystem verfügt über ein symbolisch generalisiertes *Kommunikationsmedium*, das die Kommunikation erwartungssicherer macht, da alle Beteiligten im Grundsatz wissen, was damit gemeint ist, und entsprechend reagieren können (Luhmann, 1997: 743 ff.). Junge Erwachsene im Studierendenalter etwa wissen typischerweise, was sich mit dem Kommunikationsmedium Geld anstellen lässt; sie wissen, was passieren kann, wenn geltende Rechtsnormen übertreten werden; sie haben eine Vorstellung davon, was mit Macht im politischen Bereich gemeint ist.

Aus der Sicht jedes funktionalen Sinnsystems wird darüber hinaus die Komplexität der Umwelt entlang einer spezifischen *Leitdifferenz* reduziert. Die Wirtschaft beispielsweise beobachtet ihre Umwelt entlang der Leitdifferenz ‚Zahlung/Nichtzahlung‘; im Kontext des Rechts lautet diese Leitdifferenz ‚legal/ illegal‘; die Politik beobachtet die Gesellschaft entlang der Frage nach der Gestaltungsmacht. Im Falle eines Krieges oder einer Pandemie etwa interessiert sich die Wirtschaft primär für ökonomische Folgen (z. B. ‚Beschleunigt sich die Inflation?‘); die Politik interessiert sich für Verschiebungen in der Machttektonik; das Recht fragt danach, inwieweit beobachtete Aktivitäten im Rahmen der geltenden Rechtsordnung liegen.

Der Theorie sozialer Systeme zufolge differenziert sich die moderne Gesellschaft in eine Vielzahl solcher funktionalen Sinnsysteme aus, die sich an eigensinnigen Referenzen ausrichten und geschlossen operieren. Die Wirtschaft etwa dient der materiellen Reproduktion; die Politik dient der Herstellung kollektiv bindender Entscheidungen; das Recht schafft normative Erwartungssicherheit. Luhmann (1997: 68) hebt indes hervor, dass operative Geschlossenheit nicht als „Isolation" oder „Kontaktlosigkeit" aufgefasst werden sollte. Vielmehr fußt die kognitive Offenheit eines sozialen Sinnsystems gerade auf seiner operativen Geschlossenheit – denn der Grad der Spezialisierung bestimmt seine Fähigkeit, Überforderung vermeiden zu können. Zweifellos lassen sich Beeinflussungen von Firmen durch unökonomische Angebote oder von politisch Entscheidenden durch

Tab. 2.1 Einige soziale Funktionssysteme

	Kommunikations-medium	Programm	Leitdifferenz	Funktion
Wirtschaft	Geld	Preis, Budgets	Zahlung/Nichtzahlung	Knappheitsminderung, materielle Reproduktion
Recht	Rechtsnormen	Rechtsprechung, Gesetze	Legal/illegal	Normative Erwartungssicherheit
Politik	Macht	Politische Ideen und Programme	Regierung/Opposition	Kollektiv bindende Entscheidungen
Wissenschaft	Erkenntnis	Theorie, empirische Forschung	Wahr/unwahr	Erzeugung neuen Wissens
Religion	Glaube	Offenbarung, Dogmatik, Rituale	Immanenz/Transzendenz	Orientierung, Reduktion von Unbestimmbarkeit
Massenmedien	Aufmerksamkeit	Themensetzung	Information/Nichtinformation	Allgemeine Gegenwartsbeschreibung

Geldzuwendungen beobachten; diese betreffen aber nicht die funktionalen Sinnsysteme an sich, sondern Organisationen oder Personen, die sich situativ an anderen Referenzen ausrichten.

Ausgehend von der These des operativen Konstruktivismus geht es in Luhmanns Soziologie darum, die gesellschaftlichen Sinnstrukturen herauszuarbeiten, die soziale Ordnung ermöglichen. Ihr Fokus liegt auf „dem rekursiven Netzwerk von Erinnerungen und Erwartungen" in sozialen Sinnsystemen (Luhmann, 1997: 653), denen sich Menschen nicht im Vollsinne zuordnen lassen: Selbst Warren Buffett ließe sich nicht exklusiv als ‚Akteur der Wirtschaft' formatieren, da er daneben auch in andere soziale Sinnsysteme involviert ist. Hinwieder lässt sich jede (menschliche wie artifizielle) Kommunikation, die sich an spezifischen Referenzen ausrichtet, einem funktionalen Sinnsystem zuordnen: Sobald es etwa um Geld und Zahlung geht, lässt sich die Kommunikation als Teil des Wirtschaftssystems beschreiben.

2.4   Massenmedien und Gegenwartsbeschreibung

Wenn wir uns auf die Sichtweise des operativen Konstruktivismus einlassen und davon ausgehen, dass in der modernen Gesellschaft eine Vielzahl spezialisierter sozialer Sinnsysteme operiert, stellt sich die Frage, wie sich kurzfristig eine als geteilt markierte Beschreibung der Wirklichkeit aktualisieren lässt. Und die Antwort, die Luhmann noch weitgehend ohne Bezug auf das Internet gegeben hat, lautete: durch die Massenmedien.

> „Was wir über unsere Gesellschaft, ja über die Welt, in der wir leben, wissen, wissen wir durch die Massenmedien. [...] Andererseits wissen wir so viel über die Massenmedien, daß wir diesen Quellen nicht trauen können. Wir wehren uns mit einem Manipulationsverdacht, der aber nicht zu nennenswerten Konsequenzen führt, da das den Massenmedien entnommene Wissen sich wie von selbst zu einem selbst verstärkenden Gefüge zusammenschließt." (Luhmann, 1996: 11)

In der Theorie sozialer Systeme werden Massenmedien indes nicht als Konglomerat aus Organisationen und Kanälen beschrieben, sondern wiederum als funktionales Sinnsystem, das die Welt entlang der unspezifischen Leitdifferenz ‚Information/Nichtinformation' bzw. der Frage ‚Was ist gesellschaftsweit relevant?' beobachtet und so kontinuierlich eine hochselektive allgemeine Gegenwartsbeschreibung generiert (Schrape, 2011). Luhmann (1997: 1002 ff.) identifiziert drei übergeordnete massenmediale Programmbereiche:

- *Nachrichten* legen tagtäglich fest, welche Entwicklungen Eingang in das soziale Kurzzeitgedächtnis finden. Da kompakte Bereitstellung im Vordergrund steht, herrschen harte Selektionskriterien vor: ‚News' müssen Neues berichten, glaubwürdig wirken und übergreifend bedeutsam erscheinen, weshalb oft Konflikten und Krisen der Zuschlag gegeben wird. Verstehen wird durch die Einführung von kommunikativen Objekten (z. B. ‚Klimakrise') erleichtert, die wir mit klaren Bedeutungen verknüpfen, obgleich sie sich auch anders deuten ließen. Das Resultat ist eine überaus komplexitätsreduzierte Gegenwartsbeschreibung, die sich im Regelfall nicht auf gleicher Verbreitungsebene retournieren lässt.

- Auch *Unterhaltungsangebote* konstruieren eine gerichtete Realität: Fiktionale Erzählungen (z. B. Streaming-Serien, Romane) können zwar bis zu einem gewissen Grad von der als wirklich empfundenen Welt abgekoppelt werden, allerdings muss sich der Rezipierende stets noch in der Lage sehen, sich in die Erzählungen hineinversetzen zu können. Inszenierte Unterhaltung (z. B. eine Fußballweltmeisterschaft) muss dagegen hinreichend glaubhaft erscheinen, um Aufmerksamkeit zu binden. Zum einen werden durch Unterhaltung geteilte Wirklichkeitssichten reimprägniert, zum anderen können sich Rezipierende probeweise und risikolos gegenüber den dargestellten Sichtweisen verorten.

- *Werbung* hingegen kämpft nicht nur um Aufmerksamkeit, sondern will explizit manipulieren. Da dies bekannt ist und sich niemand direkt beeinflussen lassen will, wirkt Werbung als Beihilfe zur Selbsttäuschung: Techniken der Opakisierung und Paradoxierung wie die Selbstnegation der Werbebotschaft (z. B. ‚Geiz ist geil!') oder die Einordnung von Alltagsartikeln in das Premium-Segment bringen den Adressaten dazu, sich mit den Produkten zu beschäftigen und von sich aus zu wollen, was er zuvor nicht wollte. Luhmann (1996: 89) schreibt Werbung zudem die Funktion zu, allgemeine Bezüge in Geschmacksfragen zu liefern bzw. „Leute ohne Geschmack mit Geschmack zu versorgen".

In all diesen Bereichen kann den Massenmedien zurecht unterstellt werden, fortlaufend Themen aus dem öffentlichen Diskurs auszuschließen – ein Vorwurf, der bereits seit der Etablierung des Fernsehens an sozialwissenschaftlicher Prominenz gewonnen hat (z. B. Herman & Chomsky, 1988). Dies ändert aber nichts an dem Bedarf für eine rasch erfassbare allgemeine Gegenwartsbeschreibung, an der sich unspezifische Kommunikation ausrichten kann. Aus Sicht des operativen Konstruktivismus macht es folglich wenig Sinn, zu hinterfragen, „ob und wie die Massenmedien eine vorhandene Realität *verzerrt* wiedergeben; sie *erzeugen* eine

Beschreibung der Realität, eine Weltkonstruktion, und das *ist* die Realität, an der die Gesellschaft sich orientiert" (Luhmann, 1997: 1102). Damit ist weder gesagt, dass eine einheitliche Öffentlichkeit vorläge, noch dass es nicht möglich wäre, sich von massenmedialen Beschreibungen abzusetzen: Schon frühe Zeitungen bedienten divergente Publika und mit den elektronischen Medien hat sich diese Diversität weiter erhöht. Dennoch kristallisieren sich beständig allgemein bekannte *kommunikative Objekte* heraus, die auch im Falle ihrer Ablehnung als Bezugspunkte dienen – selbst wenn massenmediale Berichterstattung angezweifelt wird. Einmal eingeführt, fungieren diese Objekte als Referenzen, die nur die Entscheidung lassen, „ob man zustimmen oder ablehnen will" (Luhmann, 1996: 178). Die Nachricht etwa, ein Staat besitze Massenvernichtungswaffen, kann der Einzelne als real oder fiktiv bewerten – aber in beiden Fällen muss er sich auf sie beziehen.

Sobald Massenmedien als funktionales Sinnsystem gefasst werden, kommt indes der Verdacht einer statischen Theorielage auf, die Spielräume für die Bottom-up-Integration von Sinnvariationen kaum denkbar erscheinen lässt. Luhmanns (2002: 328) Verständnis von sozialen Sinnsystemen als Prozesszusammenhänge, die „immer nur in der Gegenwart ihres realen Operierens" bestehen, reflektiert allerdings durchaus die Möglichkeit zu graduellem Wandel: Da sich soziale Sinnsysteme einzig durch kommunikative Reproduktion erhalten und ihre Erwartungsstrukturen stets situativ interpretiert werden, oszillieren ihre Rückbezüge kontinuierlich um die jeweiligen Referenzpunkte – und das begünstigt inkrementelle Veränderung. Luhmann spricht sozialen Sinnsystemen insofern dynamische Stabilität zu.

Als kurzfristige kommunikative Objekte können Sinnvariationen dabei über die Massenmedien rasch übergreifende Bekanntheit erlangen. Um dort jedoch regelmäßig thematisiert zu werden und sich als geteilte gesellschaftliche Wirklichkeitsmuster zu verfestigen, müssen sie vielfältige Hürden überwinden. Empirisch lässt sich beobachten, dass sich Variationen oft zunächst in kommunikativen Nischen verbreiten, bevor sie fallweise Teil allgemeiner Wirklichkeitsbeschreibung werden (Schrape, 2017b): Während etwa ‚Klimaschutz' und ‚Nachhaltigkeit' bis in die 1990er-Jahre hinein vorrangig Themen der Umweltbewegung waren, finden sich diese Begriffe heute in allen massenmedialen Programmbereichen und den Leitlinien der meisten Organisationen wieder.

Operativer Konstruktivismus in der digitalisierten Gesellschaft

3

Aus der Sicht des operativen Konstruktivismus lässt sich die moderne Gesellschaft mithin als interdependentes Geflecht aus mehr oder minder ausgreifenden sozialen Sinnsystemen beschreiben, die jeweils eigensinnige Wirklichkeitssichten verfolgen – von individualkommunikativen Kontexten über sachlich, sozial oder räumlich zentrierte Kommunikationszusammenhänge bis hin zu gesellschaftsumspannenden Funktionssystemen. Massenmedien als Sinnsystem erfüllen in dieser Perspektive die Funktion, unter andauernder Konkurrenz der einzelnen Outlets eine als geteilt markierte Gegenwartsbeschreibung zu aktualisieren, die angesichts ihrer Selektivität von jedem spezifischeren Standpunkt aus lückenhaft erscheint.

Nun hat Luhmann seine Thesen freilich weit vor dem gesellschaftsweiten Siegeszug von Smartphones und Social-Media-Plattformen formuliert, in dessen Zuge einmal mehr das nahe „Ende der Massenmedien" (Alm, 2022: 35) postuliert worden ist. Die dahinterstehenden Erwartungen hat der Dan Gillmor für den Nachrichtenbereich früh wie folgt auf den Punkt gebracht:

> „Grassroots journalists are dismantling Big Media's monopoly on the news, transforming it from a lecture to a conversation. […] The communication network itself will be a medium for everyone's voice, not just the few who can afford to buy multimillion-dollar printing presses, launch satellites, or win the government's permission to squat on the public's airwaves." (Gillmor, 2006: I, XIII)

Gleichwohl verweisen nicht nur regelmäßige Erhebungen zur Mediennutzung (Schrape, 2021: 147 ff.), sondern auch die nicht abreißende Kritik an den ‚Leitmedien' (z. B. Precht & Welzer, 2022) auf die nach wie vor hervorgehobene

Rolle, die Massenmedien bzw. vielrezipierte Medienmarken in der gesellschafts-übergreifenden Gegenwartsbeschreibung spielen – wenn auch immer weniger über lineare Ausstrahlungen als über zeitsouveräne On-Demand-Angebote und Beiträge im Social Web. Die Austauschdynamiken auf den dortigen Plattformen zeichnen sich durch ein verändertes Zusammenspiel von technischen und sozialen Strukturierungsmustern aus, eröffnen erweiterte Sichtbarkeitspotenziale für Sinn-variationen und machen zugleich neue Formen gezielter Desinformation möglich. Mehr als alles andere führen die in sich verschränkten Kommunikationssstränge im Social Web indes die Pluralität an Wirklichkeitssichten in einer polykontexturalen Gesellschaft vor Augen.

3.1   Die polykontexturale Gesellschaft als Alltagserfahrung

Den Begriff der Polykontexturalität hat Luhmann von Gotthard Günther (1979) übernommen und in seine Theorie des operativen Konstruktivismus eingepasst. Damit ist gesagt, dass in einer Gesellschaft eine unendliche Zahl kontextge-bundener Weltbeschreibungen gegeben sein kann, die sich einzig aus anderen, wiederum kontextgebundenen Perspektiven bewerten lassen: „Die Welt ist damit in jeder sinnhaften Aktualität mitgegeben; aber dies nur als Horizont, dem man sich nur durch Wahl eines Kontextes für spezifische Operationen nähern kann […].“ (Luhmann, 1986: 180) Es gibt keine Position, von der aus eine unbefan-gene Beschreibung möglich wäre: „Auch Wissenschaftler sind nur Ratten, die andere Ratten im Labyrinth beobachten – aus irgendeiner gut gewählten Ecke heraus.“ (Luhmann, 1992: 607)

Aus diesem Blickwinkel zeichnet sich die moderne Gesellschaft seit jeher durch eine Vielzahl nebeneinander stehender Wirklichkeitssichten aus, welche aber meist durch prominente Gesamtnarrative überdeckt wurde. In der digitali-sierten Gesellschaft tritt diese Polykontexturalität nun allerdings auch im Alltag offen zu Tage. Bereits in der Antike gab es Außenseitergruppen (z. B. das frühe Christentum), deren Weltsichten eingespielten Überzeugungen entgegenstanden; bereits in der Frühen Neuzeit gab es Formen von Propaganda (Qualter, 1962); bereits ab dem 17. Jahrhundert bildeten sich Diskussionszirkel heraus, in denen das „Lügen-Handwerk“ der Presse (von Stieler, 1697: 114) kritisiert wurde. Die Diffusion abweichender Positionen blieb aufgrund infrastruktureller Asymmetrien jedoch bis in die Gegenwart ein langwieriger Prozess. Im Social Web kollidieren abweichende und etablierte Sichtweisen dagegen auf gleicher Zugriffsebene – und dadurch werden Diskrepanzen instantan sichtbar.

Das Internet insgesamt ist inzwischen in den meisten OECD-Ländern (anders als ■. a. in vielen Regionen Afrikas) für weite Teile der Bevölkerung zu einem zentralen Knotenpunkt der Kommunikation, Informationssuche und Medienrezeption geworden (internetworldstats.com). In der damit einhergehenden Rekonfiguration der Medienkommunikation treten drei Kerndynamiken hervor:

- Die gesellschaftlichen Medienstrukturen unterliegen einer *Plattformisierung*, die mit einer Konvergenz der Verbreitungs- und Kommunikationskanäle einhergeht. Dadurch erweitern sich die Möglichkeiten zum kontextspezifischen Abruf von Medieninhalten, die Interaktionsradien und die Diffusionspotenziale für Sinnvariationen in infrastruktureller Hinsicht. Zugleich werden angesichts der Fülle an verfügbaren Inhalten algorithmisch automatisierte Selektionsverfahren unabdingbar, wodurch die marktführenden plattformbetreibenden IT-Konzerne eine erhebliche Strukturierungsmacht erlangen (Dolata & Schrape, 2023).

- Die persönlichen Medienrepertoires durchlaufen eine *Diversifizierung,* die mit einer weiteren Individualisierung alltäglicher Rezeptions-, Informations- und Kommunikationsroutinen verbunden ist. Daneben weisen empirische Studien jedoch darauf hin, dass das Gros der Onliner in der Nachrichtenrezeption nach wie vor auf etablierte Medienmarken rekurriert (z. B. Newman et al., 2023) und sich das Streaming von Unterhaltungsinhalten häufig an den Popularitätsrankings favorisierter Plattformen ausrichtet (Prey, 2020; Poell et al., 2021).

- Das Spektrum öffentlicher Kommunikation erfährt eine *Pluralisierung,* wobei sich mit Blick auf das anvisierte Publikum, typische Reichweiten und kommunikative Asymmetrien auch im Netz divergente Arenen öffentlicher Kommunikation voneinander abgrenzen lassen (Tab. 3.1). Vor allen Dingen im Social Web hat sich das Spektrum niederschwelliger Diskussions- und Selbstdarstellungsarenen erheblich ausgeweitet; das regelmäßige Erlangen hoher Reichweiten bleibt nichtsdestoweniger voraussetzungsreich (Taddicken & Schmidt, 2023).

Diese Dynamiken zusammengenommen lassen, so hat es Jürgen Habermas (2022: 29) formuliert, „die *Wahrnehmung* [der] Grenze zwischen privatem und öffentlichem Lebensbereich verschwimmen", obgleich sich „die sozialstrukturellen Voraussetzungen […] nicht verändert haben". Anders gesagt: Ebenso wie der polykontexturale Charakter gesellschaftlicher Wirklichkeitskonstruktion zuvor durch prominente Gesamtnarrative verdeckt wurde, treten heutzutage die Grenzen zwischen den Sphären öffentlicher und privater Kommunikation

Tab. 3.1 Einige Arenen öffentlicher Kommunikation im Web

	Asymmetrie	Publikum	Reichweite
Massenmediale Arena	Hoch	Dispers, anonym	Hoch
Werbe- und Organisationsarena	Hoch	Dispers, anonym	Hoch
Expertenarena	Hoch	Fachgemeinschaft	Kontextabhängig
Influencer-Arena	Erfolgsabhängig	Following public	Niedrig bis hoch
Many-to-Many-Diskussionssphäre	Niedrig	Kontextabhängig	Im Regelfall: niedrig
Persönliche Sphäre	Niedrig	Eigenes Netzwerk	Niedrig

in den Hintergrund – und das Nebeneinander von journalistisch-allgemeinen, kontextspezifischen und individuellen Wirklichkeitsbeschreibungen auf gleicher Zugriffsebene wird zur Regelerfahrung.

Aus der Sicht des operativen Konstruktivismus lässt sich vor diesem Hintergrund nicht nur jede digitale Plattform als distinktes soziales Sinnsystem beschreiben, das sich an spezifischen Erwartungsstrukturen und Kommunikationslogiken ausrichtet (Rachlitz et al., 2022), sondern auch jeder Kommunikationszusammenhang, der sich dort entfaltet: In jedem Thread, Hashtag-Verlauf oder Kommunikationsnetzwerk bilden sich selektive Wirklichkeitssichten und eigensinnige Bezüge heraus, entlang derer Beiträge als passend oder abseitig eingestuft werden und eine Abgrenzung nach außen stattfindet. Im Extremfall kann dies (wie in der COVID-19-Pandemie) zu der Formation hochgradig polarisierter kommunikativer Domänen führen, in denen jede abweichende Sichtweise als ‚Desinformation' eingestuft wird (Bail, 2022).

Die Polykontexturalität sozialer Sinnbildung gewinnt im Social Web an Explizität – und zugleich bieten Plattformstrukturen erweiterte Möglichkeiten, sich dem damit verbundenen Komplexitätsdruck zu entziehen: Da in der digitalisierten Gesellschaft alle Formen öffentlicher Kommunikation auf einer medientechnischen Ebene verortet sind, fällt es ungleich leichter als zuvor, die kommunikativen Kontexte aufzuspüren, in denen die eigene Weltsicht Bestätigung findet. Die digitale Transformation geht mit einer erhöhten Sichtbarkeit des polykontexturalen Charakters gesellschaftlicher Wirklichkeitskonstruktion einher und eröffnet im selben Zuge neue Optionen zur Kanalisierung der individuellen und kollektiven Weltbeobachtung.

3.2 Algorithmische Selektion und soziale Komplexitätsreduktion

Dieser Befund für sich genommen spräche für die schon lange kursierende These von einer Fragmentierung des Massenpublikums (z. B. Neuman, 1991), die zum einen an den Mediennutzungsmustern von Jugendlichen festgemacht wird, deren Desinteresse an politischen Nachrichten freilich nicht erst seit Instagram und TikTok, sondern bereits seit der Blütezeit des Fernsehens beklagt wird (Eimeren & Maier-Lesch, 1997). Zum anderen erhält diese These Auftrieb durch das Konzept der ‚Filterblasen‘, das von Eli Pariser (2012) eingeführt wurde, um algorithmisch personalisierte Informationsflüsse im Social Web zu umschreiben, und mittlerweile zu einer Alltagsmetapher für selbstreferenzielle Kommunikationszusammenhänge geworden ist (‚in meiner Bubble‘).

Empirische Studien kommen indes zu dem Schluss, dass selbst hochspezialisierte Onliner en passant (z. B. über Querverweise auf Social-Media-Plattformen) regelmäßig mit einem Grundstock an allgemein geteilten kommunikativen Objekten konfrontiert werden, die eine Agenda an gesellschaftlich relevant gesetzten Themen konturieren, welche dann in spezifischeren Kontexten eigensinnig gedeutet werden (Schäfer, 2023; Kümpel, 2020; Fletcher & Nielsen, 2018). Gäbe es einen solchen Grundstock an geteilten Themen nicht, wäre eine als gemeinsam empfundene Gegenwartsbeschreibung und damit auch die Basis zur Herstellung kollektiv bindender Entscheidungen nicht mehr gegeben. Insofern stellt sich eine Kernfrage des operativen Konstruktivismus heute in zugespitzter Form (dazu auch: Baecker, 2022): Wie bildet sich in der digitalisierten Gesellschaft, in der das Nebeneinander unterschiedlicher Wirklichkeitssichten zur Alltagserfahrung wird, eine als geteilt markierte Selbst- und Weltbeschreibung heraus?

Das Internet lässt sich in dieser Hinsicht nicht pauschal als „Massenmedium" charakterisieren, so wie dies eine Kapitelüberschrift von Armin Nassehi (2019: 263 ff.) bei oberflächlicher Lektüre suggeriert. Vielmehr spiegeln sich im Netz sämtliche bisherigen Medienformen wider: von Medien zur Individualkommunikation über Mesomedien für spezifische Kontexte bis hin zu massenmedialen Angeboten mit Millionenpublikum. Eine genuin neue Medienform stellen demgegenüber Social-Media-Plattformen dar, die in den letzten 20 Jahren zu essenziellen Drehscheiben der Kommunikation im Web geworden sind. Social-Media-Plattformen bzw. ihre betreibenden Konzerne sind keine klassischen Medienunternehmen, die Inhalte für den Massenmarkt produzieren, aber auch keine neutralen Übertragungsdienstleister. Die Leistungen, die Social-Media-Plattformen indirekt veräußern, bestehen vielmehr explizit in der

automatisierten personalisierten Zusammenstellung und Verknüpfung von andern-
orts produzierten oder nutzerseitig generierten Inhalten: „[…] they are neither
distinctly conduit nor content, nor only network or media, but a hybrid that has
not been anticipated by information law or public debates." (Gillespie, 2018: 210)
    Aus der Perspektive des operativen Konstruktivismus lässt sich angesichts der
vermehrten Integration von automatisierten Lösungen in die soziale Sinnbildung
in dieser Hinsicht annehmen, dass technische und soziale Strukturierungsleistungen nicht nur in der Online-Kommunikation, sondern in der gesellschaftlichen
Wirklichkeitskonstruktion insgesamt zunehmend intensiver ineinanderwirken:

- *Algorithmische Selektionsverfahren* reduzieren die Fülle potenziell verarbeit-
barer Inhalte entlang informationstechnisch automatisierter Kuratierungsmechanismen, die auf einer Kette definierter Instruktionen fußen (von Such-
maschinen bis hin zu ‚KI-Chatbots'). Im Social Web kanalisieren solche
Verfahren die Wahrnehmung durch zahlreiche sachliche, soziale und zeitliche
Strukturierungsmuster, die sich an der jeweils konstruierten Plattformidentität
ausrichten – also an den dort explizierten Interessen, Bezügen und Routi-
nen, die allerdings von Plattform zu Plattform variieren und sich deutlich von
der Selbstbeschreibung in anderen Kommunikationszusammenhängen abheben
können (Schrape & Siri, 2022).
- *Prozesse sozialer Komplexitätsreduktion* vollziehen sich in distribuierter Form
entlang der Referenzen spezialisierter sozialer Sinnsysteme (z. B. Wirtschaft,
Politik, Recht), welche die Aufmerksamkeit auch im Social Web auf spezifische Aspekte der dortigen Beobachtungshorizonte richten, Kommunikationsverläufe kanalisieren und auf diese Weise mitbestimmen, welche Inhalte als
bedeutsam oder vernachlässigbar eingestuft werden. Daneben kristallisieren
sich durch die Themensetzungen vielrezipierter Medienmarken kontinuierlich
allgemein bekannte kommunikative Objekte heraus, die basale Bezüge zwischen diesen eigensinnigen Kommunikationskontexten herstellen (Luttrell &
Wallace, 2021).

Prozesse sozialer Komplexitätsreduktion und algorithmische Selektionsverfahren
stehen dabei in einem kontinuierlichen Wechselverhältnis: Schon die Grundan-
lagen algorithmischer Strukturen sind Produkte genuin sozialer Entscheidungen –
ebenso wie ihre Trainingsdaten selektive Repräsentationen sozialer Tatbestände
und bereits eingespielter Sichtweisen sind (Airoldi, 2021). Welche Accounts auf
einer Plattform assoziiert werden, bestimmt sich aus kollektiven Klickpfaden.
Welche Verweise zu einem Thread aufgelistet werden, bestimmt sich aus den
dort registrierten Inhalten. Welche Bezüge Usern im Web vorgeschlagen werden,

hängt von deren Nutzungsverhalten ab, das sich neben algorithmischen Empfehlungen ebenso an den Tipps von Expert:innen bzw. Influencer:innen ausgerichtet, die ihren Status nicht alleine durch Kennzahlen, sondern auch durch soziale Zuschreibung erlangen.

Axel Bruns (2021) weist in diesem Sinne darauf hin, dass viele der unter der Metapher ‚Filterblase‘ verhandelten Erscheinungen – darunter eine selektive Wahrnehmung und eine Präferenz für Sichtweisen nahe des eigenen Standpunkts – keine rein technikinduzierten Phänomene darstellen: Schon in früheren Zeiten gab es kommunikative Domänen, in denen sich Vorurteile und Ressentiments festsetzen konnten (klassisch: Elias & Scotson, 1965). Ebenso lassen sich bereits seit dem Aufstieg der Presse medienbezogene Verschwörungstheorien finden (Seidler, 2016). „Das Problem dahinter", so hat es der Journalist Sebastian Meineck (2018) auf den Punkt gebracht, ist „weder ein algorithmisch erzeugter ‚Filter‘, noch eine vermeintliche ‚Blase‘, sondern: dass diese Menschen überhaupt Hass und Misstrauen empfinden. […] Das ist vor allem ein gesellschaftliches Problem."

Automatisierte Kuratierungsmechanismen bieten eine Lösung für eine fundamentale kognitive Herausforderung der digitalisierten Gesellschaft, in der alle Sinnsysteme angesichts begrenzter Aufmerksamkeitsressourcen auf wirkungsvolle Verfahren angewiesen sind, um das Erinnerungswerte und Vernachlässigbare zu identifizieren. Sie bieten eine technikvermittelte Antwort auf den gesteigerten Selektionsdruck, der mit der Fülle an instantan sichtbaren Inhalten einhergeht. Aber sie überschreiben unmittelbar weder langfristig kristallisierte gesellschaftliche Wirklichkeitsmuster noch die Verfestigungsdynamiken eigensinniger Weltsichten in spezifischen Kommunikationszusammenhängen, die sich im Falle einer Radikalisierung weit von der als gemeinsam empfundenen Wirklichkeitsbeschreibung entfernen können.

Algorithmische Selektionsverfahren prozessieren nicht neben den distribuiert ablaufenden Prozessen sozialer Komplexitätsreduktion, sondern sind in diese unablösbar eingelassen – und werden zu einer weiteren Bezugsgröße, an der sich Kommunikation ausrichtet: Sie stellen in der kognitiven Navigation eine initiale Orientierungsgrundlage her, von der sich im Weiteren ausgehen lässt. Sie eröffnen in der Entwicklung und Bewertung von Medieninhalten neue Erwartungshorizonte. Und sie bieten über automatisierte Rankings eine schnell erfassbare Übersicht zu vielbeachteten Inhalten. Ob algorithmische Verfahren mit Misstrauen belegt werden, erscheint in der Alltagspraxis sekundär: Technik wird auch im Social Web „wieder zur Natur, zur zweiten Natur, weil kaum jemand versteht, wie sie funktioniert" (Luhmann, 1997: 522 f.) – und weil sich auf ihre Leistungen gar nicht mehr verzichten lässt.

3.3   Social Media, Massenmedien und Gegenwartsbeschreibung

Ein signaturgebendes Merkmal der digitalisierten Gesellschaft besteht somit in einem neuen Mischverhältnis von technischen und sozialen Strukturierungsprozessen in der Genese einer allgemeinen bzw. kontextspezifischen Gegenwartsbeschreibung, wobei algorithmische Selektionsverfahren bis dato vor allen Dingen im Social Web zu allseits ersichtlichen Mitspielern sozialer Sinnbildung geworden sind. Daneben löst das Internet zumindest vorderhand die seit Bertolt Brecht ([1932] 1967) gehegte Hoffnung auf eine Demokratisierung der Medienstrukturen ein (Carpentier et al., 2013): Smartphone-User verfügen heute über alle medientechnischen Mittel, um Text-, Audio-, Bild- oder Videoinhalte zu generieren und zu verbreiten; jedes Thema kann prinzipiell an dem Spiel um Aufmerksamkeit partizipieren. In der Langfristbeobachtung zeigt sich jedoch gleichermaßen, dass in der Herstellung gesellschaftsweiter Sichtbarkeit markante Selektionsschwellen erhalten bleiben und der Aufwand für das Erlangen übergreifender Aufmerksamkeit jenseits des Zufalls hoch bleibt.

Zwar lassen sich regelmäßig Einzelbeiträge oder Crowd-Dynamiken (z. B. #MeToo) auf Social-Media-Plattformen erkennen, die gesellschaftsweite Debatten anstoßen, allerdings trägt die daran anknüpfende massenmediale Berichterstattung oft wesentlich zu der weiteren Diffusion entsprechender Positionen bei (Brunner & Partlow-Lefevre, 2020). Ebenso führen die Aufmerksamkeitsverläufe um soziale Bewegungen wie Fridays for Future (z. B. Della Porta & Portos, 2023) oder die Letzte Generation (z. B. Rucht, 2023) vor Augen, dass die Adressierung massenmedialer Selektionskriterien neben der Mobilisierung im Social Web weiterhin zu der Klaviatur einschlägiger Protest-PR gehört (Mölders & Schrape, 2019). Fernerhin zeigen Studien zu Influencer:innen auf, dass diese im Erfolgsfall in der Regel zunehmender Professionalisierung und Ökonomisierung unterliegen (Van Driel & Dumitrica, 2021).

Das verweist darauf, dass neben algorithmischen Selektionsverfahren auch in der digitalisierten Gesellschaft kumulative Prozesse sozialer Komplexitätsreduktion unentbehrlich bleiben: Kein Mensch oder Kommunikationszusammenhang kann die ganze Welt selbst im Blick behalten; ohne die Referenzen funktionaler Sinnsysteme wäre die individuelle wie kollektive Weltbeobachtung permanenter Überforderung ausgesetzt. Vor diesem Hintergrund spricht vieles dafür, die Genese übergreifender Sichtbarkeit nach wie vor als einen graduellen Mehrebenenprozess beschreiben, der jedoch expliziter als zuvor durch das Ineinandergreifen technischer und sozialer Strukturierungsmuster gekennzeichnet ist (Schrape, 2021; Eisenegger et al., 2021):

- *Situative Kommunikationsdynamiken* werden erheblich durch die jeweils vorhandenen Infrastrukturen geprägt. Ebenso wie Gespräche in Bussen und Bahnen, auf öffentlichen Plätzen oder in Kneipen und Bars werden volatile Austauschdynamiken auf Social-Media-Plattformen durch die ermöglichenden und kanalisierenden Eigenheiten der soziotechnischen Rahmungen mitbestimmt. Da die verhandelten Inhalte im Social Web sehr viel einsehbarer sind als in weniger technisierten Umgebungen, kann es unkomplizierter zu Verknüpfungen oder Akkumulationseffekten kommen. Ohne weitere soziale Koordinierungsleistungen bleibt eine momentüberdauernde Verfestigung aber unwahrscheinlich.

- *Themenzentrierte Kommunikationskontexte* zeichnen sich durch einen höheren Grad an Organisiertheit sowie eine erkennbare Einengung der als geeignet markierten Inhalte und Mitteilungsformen aus. Solche sachlich, sozial oder räumlich eingegrenzten Kommunikationszusammenhänge (darunter auch soziale Bewegungen) bauen heute in vielen Fällen auf algorithmisch vorstrukturierten Diskussionsdynamiken im Social Web auf. Sie bilden mit der Zeit allerdings distinkte Strukturierungsmuster und eigensinnige Wirklichkeitssichten aus, die eine Abgrenzung nach außen ermöglichen und sie unabhängiger von den soziotechnischen Eigenheiten spezifischer Plattformen machen.

- *Gesellschaftsübergreifende Kommunikationszusammenhänge* gründen auf den Synthetisierungsleistungen ausdifferenzierter funktionaler Sinnsysteme, die beständig eine gerichtete wie komplexitätsreduzierte Fassung der distribuiert ablaufenden Kommunikation generieren. In der Gegenwartsbeschreibung hat Luhmann (1996) diese Funktion den Massenmedien zugeschrieben – und sofern Massenmedien als soziales Sinnsystem verstanden und nicht mit bestimmten Formaten oder Outlets gleichgesetzt werden, spricht mit Blick auf regelmäßige Studien zur Mediennutzung (z. B. Newman et al., 2023; Gleich, 2022; Hess & Müller, 2022) wenig dafür, diesen Befund im Grundsatz infrage zu stellen. Primär Nachrichtenangebote schaffen über alle Medienkanäle hinweg beständig eine schnell überblickbare Bezugsgrundlage, in der sich auch die heute ubiquitäre „Perspektivendifferenz" (Nassehi, 2019: 285) widerspiegelt.

Mit der Universalität der Kommunikation reduziert sich so betrachtet das Gewicht algorithmischer Selektion gegenüber Prozessen sozialer Komplexitätsreduktion: Während situative Kommunikationsdynamiken im Web durch informationstechnische Automatisierung erhebliche Effektivierung erfahren und sich der Pool an sichtbaren Sinnvariationen, auf denen themenzentrierte Kommunikationszusammenhänge aufbauen können, deutlich erhöht, bleiben in der übergreifenden

gesellschaftlichen Gegenwartsbeschreibung unspezifisch orientierte Synthetisierungsinstanzen wie die Massenmedien als soziales Sinnsystem relevant, die verteilt ablaufende Kommunikationsverläufe beobachten, Diskontinuitäten verbreiten
und so zu der Aktualisierung einer abstrakten ,Öffentlichkeit' als übergreifende
Bezugsgrundlage beitragen: „In der ,Öffentlichkeit' spiegelt sich die Gesellschaft,
und nur, weil sie sich darin spiegelt, ist sie sich ihrer selbst bewusst." (Imhof,
1996: 4)

Aus der angelegten Perspektive tritt insofern hervor, dass die pointierte Gegenwartsbeschreibung der Massenmedien im 20. Jahrhundert keineswegs das Resultat
unzulänglicher Technikentwicklung war, sondern kumulative Prozesse sozialer Komplexitätsreduktion in einer polykontexturalen, demokratisch verfassten
Gesellschaft unabdingbar bleiben. Das gilt ganz besonders für die digitalisierte
Gesellschaft, die sich angesichts der Fülle sichtbarer Kommunikation in ihrer
Selbstbeobachtung mit einem intensivierten Selektionsbedarf konfrontiert sieht.

Da die Leistungen der Massenmedien nicht an bestimmte Formate gekoppelt
sind, erscheint es jedoch durchaus auch in diesem Paradigma denkbar, dass künftig neuartige Knotenpunkte massenhafter Aufmerksamkeit an Relevanz gewinnen,
die sich nicht nur in der Organisation und Diffusion, sondern auch in der Produktion von Inhalten substanziell an algorithmischen Automatisierungsverfahren
ausrichten. Journalistische Rechercheprozesse bauen schon heute in vielen Fällen auf den Strukturierungsleistungen digitaler Plattformen auf; ebenso werden
viele Berichte aus dem Sport- und Finanzwesen maschinell generiert. Der Einsatz
algorithmischer Verfahren bzw. ,künstlicher Intelligenz' und die dahinterliegenden Auswahlmuster bleiben allerdings zwangsläufig ein Gegenstand öffentlicher
Debatten und sozialer Aushandlung (Deuze & Beckett, 2022; Marconi, 2020).
Dies zeigt sich etwa in den „standards for use of artificial intelligence in
newsrooms" (Bauder, 2023), die zuletzt von der Associated Press und anderen
Agenturen zur Diskussion gestellt wurden.

Allgemeiner gefasst lässt die gesellschaftliche Wirklichkeitskonstruktion aus
der Sicht des operativen Konstruktivismus als evolutionärer Prozesszusammenhang begreifen, der – ähnlich dem biologischen Konzept der ,hierarchical
levels' (Gould, 2002) – durch mehrere ineinandergreifende Selektionsebenen
gekennzeichnet ist (Abb. 3.1):

- *Variationen* verdichten sich in der Form neuartiger Wirklichkeitsbeschreibungen, Sichtweisen oder Ideen auf geringer ausdifferenzierten Ebenen sozialer
  Sinnbildung, die heute oft informationstechnisch präformiert werden.
- Sobald eine Variation auf umfassenderer Kommunikationsebene als Abweichung bzw. Diskontinuität erkannt wird, findet eine *Selektion* statt. Das

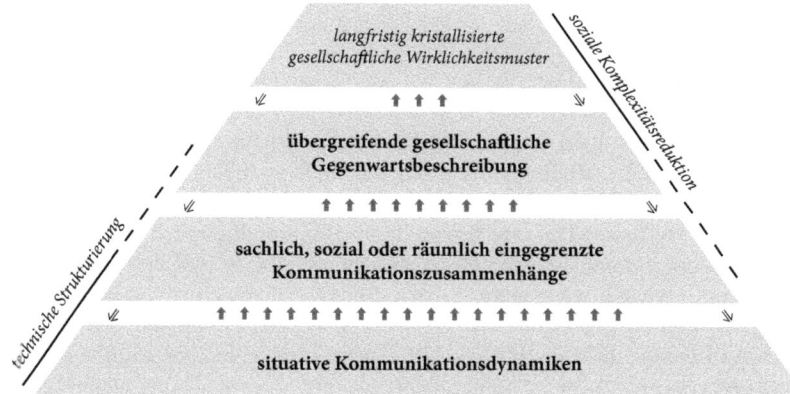

Abb. 3.1 Ebenen gesellschaftlicher Wirklichkeitskonstruktion. (Quelle: eigene Darstellung)

jeweilige soziale Sinnsystem trifft die Entscheidung, die Variation abzulehnen oder anzunehmen und in die eigene Weltbeschreibung zu integrieren.
- In beiden Fällen schließt daran eine *Restabilisierung* des sozialen Sinnsystems an, d. h. die positive oder negative Selektion schlägt sich in seinem weiteren Aktualisierungsverlauf nieder (Luhmann, 1997: 413–504; Cevolini, 2022).

Da Selektion und Restabilisierung genuine Prozesse sozialer Sinnbildung im Horizont langfristig kristallisierter gesellschaftlicher Wirklichkeitsmuster darstellen, spielen technische Strukturierungsleistungen hierbei eine nachgelagerte Rolle – insbesondere wenn es um gesellschaftsumspannende Sinnsysteme geht. Es gilt indes im Blick zu behalten, dass ein solches Prozessmodell weder mit einer Fortschrittsidee noch mit der Vorstellung einer absoluten Deutungshoheit von sozialen Sinnsystemen auf übergeordneten Selektionsebenen einhergeht.

3.4   Rückkoppelungseffekte und kommunikative Mobilität

Auch stabilisierte Funktionssysteme wie Wirtschaft, Politik oder Recht erhalten sich im Paradigma des operativem Konstruktivismus einzig durch die kommunikative Reproduktion ihrer Sinn- und Erwartungsstrukturen und sind infolgedessen darauf angewiesen, Zustandsänderungen auf anderen Ebenen gesellschaftlicher Wirklichkeitskonstruktion frühzeitig zu erkennen und zu verarbeiten. Das gilt ebenso für Massenmedien als Sinnsystem: Um kontinuierlich eine übergreifend als bekannt vorausgesetzte Gegenwartsbeschreibung generieren zu können, müssen ihre Inhalte regelmäßig in den Bereich allgemeiner Aufmerksamkeit gelangen – und das setzt hinreichendes Vertrauen (dazu: Luhmann, 2014) in ihre Leistungen voraus. Insofern müssen sich die Massenmedien beständig neu austarieren und können es sich auf Dauer nicht leisten, Variationen auf anderen Ebenen sozialer Sinnbildung zu übersehen oder zu ignorieren (Boccia Artieri & Gemini, 2019).

Die einzelnen Ebenen gesellschaftlicher Wirklichkeitskonstruktion stehen von dieser Warte aus betrachtet also in einem koevolutionären Verhältnis zueinander: Ebenso, wie Veränderungen in der gesellschaftlichen Gegenwartsbeschreibung auf situative Kommunikationsdynamiken und spezialisierte soziale Sinnsysteme zurückwirken, beeinflussen die vielfältigen Diffusionsverläufe von Sinnvariationen sowie die Herausbildung neuer kommunikativer Domänen (z. B. ,Gegenöffentlichkeiten') auf geringer ausdifferenzierten Ebenen bzw. in kontext- und milieuspezifischen Arenen sozialer Sinnbildung die gesellschaftsübergreifende Selbst- und Weltbeschreibung.

Dabei kann es passieren, dass neue oder abweichende Sichtweisen lange Zeit in kommunikativen Nischen gären, bevor sie auf umfassenderer Ebene reflektiert werden. Das Ziel einer ökologisch nachhaltigen Entwicklung etwa wurde bereits in den 1970er-Jahren skizziert und benötigte danach mehrere Jahrzehnte, um in die zentralen gesellschaftspolitischen Diskurse einzugehen. Ähnliches gilt für die Forderung nach einem geschlechtergerechten Sprachgebrauch, die ab Ende der 1960er-Jahre in der feministischen Linguistik formuliert wurde und inzwischen Objekt intensiver öffentlicher Debatten geworden ist (Degele, 2020). Auch das heute weit verbreitete Bewusstsein für die Digitalisierung als gesamtgesellschaftlicher Transformationsprozess oder die Debatten um ,künstliche Intelligenz' bauen auf langen diskursiven Vorläufen auf (Schrape, 2021; Hirsch-Kreinsen, 2023).

Mit den verdichteten Kommunikationsstrukturen der digitalisierten Gesellschaft gehen nun freilich deutlich intensivierte Austauschdynamiken zwischen den hier unterschiedenen Ebenen gesellschaftlicher Wirklichkeitskonstruktion einher. Aus der Sicht einer netzwerktheoretisch orientierten Öffentlichkeitsforschung treten diese Austauschdynamiken besonders prominent hervor, weshalb Thomas Friemel und Christoph Neuberger (2023: 1) vorschlagen, ‚Öffentlichkeit' zuvorderst situativ zu begreifen und als „a dynamic network of actors and contents that are linked to each other by communicative actions" zu konzeptuaisieren. Aus der Perspektive des operativen Konstruktivismus, die auf die Langfristprozesse sozialer Sinnbildung fokussiert, zeigt sich dahingegen, dass die erhöhte Konnektivität auf Social-Media-Plattformen nicht zwingend mit einer verstärkten Integration von Variationen in die gesellschaftliche Gegenwartsbeschreibung verbunden ist (Mölders & Schrape, 2019):

- Mit der Effektivierung der öffentlichen Kommunikation im Social Web erhöht sich zwar die *horizontale kommunikative Mobilität* von Sinnvariationen auf geringer ausdifferenzierten Ebenen sozialer Sinnbildung – und es erscheint für soziale Bewegungen, Interessengemeinschaften, Organisationen oder Einzelpersonen unkomplizierter und voraussetzungsloser, mit ihren Inhalten in den Horizont angrenzender Kommunikationszusammenhänge zu gelangen oder virale Verbreitungsdynamiken anzustoßen (Kolo, 2022; Carpentier et al., 2013).
- Damit geht allerdings keine grundsätzlich erhöhte *vertikale kommunikative Mobilität* – also keine erhöhte Wahrscheinlichkeit für die Selektion dieser Variationen durch funktionale Sinnsysteme wie Wirtschaft, Recht, Politik oder Massenmedien – einher. Sobald die Zahl und der Takt an potenziell sichtbaren Sinnvariationen zunimmt, sinkt vice versa für jede einzelne Sinnvariation die Wahrscheinlichkeit, von Sinnsystemen auf übergeordneter Selektionsebene als Diskontinuität erkannt zu werden (Luttrell & Wallace, 2021; Jung & Kempf, 2023).

Studien aus der sozialwissenschaftlichen Bewegungsforschung zeigen in dieser Hinsicht auf, dass die vertikale kommunikative Mobilität von Sinnvariationen (darunter politische Veränderungsimpulse) oft erst durch Rückkoppelungseffekte zwischen weniger ausdifferenzierteren Kommunikationsebenen und stabilisierten sozialen Sinnsystemen – u. a. Many-to-Many-Kommunikation im Social Web und massenmedialer Berichterstattung – realisiert wird (Della Poeta & Diani, 2020).
    Die in Deutschland Ende 2018 mit Straßendemonstrationen übergreifend sichtbar gewordene Bewegung Fridays for Future beispielsweise konnte neben ihrer rasch professionalisierten Öffentlichkeitsarbeit im Web nicht nur auf den vorhandenen Mobilisierungsleistungen der Umweltbewegung seit den 1970er-Jahren

aufbauen, sondern mit der Lebensgeschichte von Greta Thunberg zudem dem journalistischen Personalisierungsinteresse in idealer Weise entsprechen. Überdies sucht die Bewegung mit öffentlichkeitswirksamen Aktionen und Kooperationen (wie der Besetzung von Lützerath, 2023) regelmäßig Anschluss an die massenmediale Berichterstattung, die in einem hohen Maße zu der Verbreitung ihrer Positionen beigetragen hat (Haunss & Sommer, 2020; Kern & Opitz, 2021). Vergleichbare Rückkoppelungseffekte lassen sich für weitere Bewegungsphänomene wie Black Lives Matter (Carney & Kelekay, 2022) oder rechtspopulistische Protestgruppen wie Querdenken 711 (Goertz, 2022) sowie für die übergreifende Sichtbarkeit publizistischer Angebote von Influencer:innen (Riedl et al., 2023) herausarbeiten.

Die gesellschaftliche Visibilität von Inhalten und Positionen bestimmt sich neben dem reflektierten Umgang mit algorithmisch strukturierten Aufmerksamkeitsdynamiken im Social Web folglich ebenso aus der Fähigkeit, Anschluss an etablierte Themen in der übergreifenden Gegenwartsbeschreibung zu finden (Schrape, 2017b). Die in diesen Belangen nach wie vor hervorgehobene Rolle der Massenmedien zeigt sich nicht zuletzt in der u. a. in Bewegungskontexten regelmäßig geäußerten Kritik an den Darstellungsweisen journalistischer Berichterstattung (Von Zabern & Tulloch, 2021). Hätten die Massenmedien ihre Relevanz in der Herstellung allgemeiner Sichtbarkeit mit dem Social Web verloren, wäre diese Kritik gegenstandslos.

Digitale Medien und gesellschaftliche Wirklichkeitskonstruktion

4

Niklas Luhmanns operativer Konstruktivismus eröffnet eine langfristige Perspektive auf die Prozesse gesellschaftlicher Wirklichkeitskonstruktion und fokussiert auf die Frage, wie erwartungssichere Kommunikation und damit soziale Ordnung in einer polykontexturalen Gesellschaft möglich wird. Wie jede soziologische Theorie bietet dieser Ansatz nur eine mögliche – und fraglos abstrakte – Annäherung unter vielen an die Dynamiken des gegenwärtigen Medienwandels. Sie steht dem Eindruck eines disruptiven Umbruchs entgegen und stellt insofern eine instruktive Ergänzung zu der Flut an kurzfristigen Zeitdiagnosen im Digitalisierungsdiskurs dar. Mit Blick auf die Veränderungen, die mit der digitalen Transformation der Medienstrukturen in der gesellschaftlichen Wirklichkeitskonstruktion einhergehen, lassen sich aus den Grundannahmen des operativen Konstruktivismus fünf Thesen ableiten.

1) *Die moderne Gesellschaft orientiert sich seit jeher an einer medial erweiterten Wirklichkeit.* Nach der Erweiterung der unmittelbaren Wahrnehmung und Interaktion durch Sprache und Schrift war die Erweiterung des gesellschaftlichen Austauschs durch den Buchdruck eine wesentliche Prämisse für die Genese der modernen, polykontexturalen Gesellschaft, deren Beobachtungs- und Kommunikationsradien mit den elektronischen Medien erneute Ausweitung erfahren haben. Mit den digitalen Medien, der damit verknüpften Medienkonvergenz und der Institutionalisierung von Social-Media-Plattformen erlebt die gesellschaftliche Wirklichkeitskonstruktion weitere Beschleunigung und Expansion (Tab. 4.1). Auch die informationstechnische Anreicherung der individuellen und kollektiven Wahrnehmung (,Augmented Reality') lässt sich in diesen Entwicklungsverlauf einordnen.

J.-F. Schrape, *Digitale Medien und Wirklichkeit*, essentials,
https://doi.org/10.1007/978-3-658-43021-4_4

Tab. 4.1 Phasenmodelle der Mediengeschichte

	Faulstich (2003)	McLuhan (1964)	Baecker (2018, 2022)
Frühe Hochkulturen	Menschmedien: Dominanz mündlicher Kommunikation	Orale Stammeskultur	*Sprache:* Erweiterung der Wahrnehmung, Genese von Regeln
Antike Mittelalter		Literale Manuskriptkultur	*Schrift:* Erweiterung der Interaktion, neue Zeithorizonte
Frühe Neuzeit 18. Jahrhundert 19. Jahrhundert	Druckmedien: Individualkommunikation, später Massenkommunikation	Gutenberg-Galaxis	*Buchdruck:* Erweiterung des gesellschaftlichen Austauschs, neues Öffentlichkeitsverständnis
20. Jahrhundert	Elektronische Medien	Elektronisches Zeitalter	
21. Jahrhundert	Substitutionsmedien		*Elektronische > digitale Medien:* Ausweitung der Möglichkeiten gesellschaftlicher Selbst- und Weltbeschreibung

2) *Die digitale Transformation führt zu einer Potenzierung der Möglichkeiten gesellschaftlicher Selbst- und Weltbeschreibung.* Die verdichteten Medien- und Kommunikationsstrukturen im Social Web sowie automatisierte Selektions-, Kuratierungs- bzw. Analyseverfahren eröffnen psychischen und sozialen Sinnsystemen eine Vielzahl neuer Beobachtungsmöglichkeiten und erweiterte Spielräume zur Diffusion von Sinnangeboten. Die gesellschaftliche Wirklichkeitskonstruktion erfährt dadurch eine Dynamisierung, die Menge und Auftrittsfrequenz kursierender (oft: konkurrierender) Selbst- und Weltbeschreibungen – darunter auch gezielte Desinformation – steigt substanziell an und der polykontexturale Charakter gesellschaftlicher Sinnbildung wird im Alltag ubiquitär erfahrbar.

3) *Algorithmische Selektion und soziale Komplexitätsreduktion wirken zunehmend ineinander.* Nicht nur im Social Web baut die soziale Sinnbildung immer häufiger auf den Leistungen informationstechnischer Selektions- und Kuratierungsleistungen auf, welche die individuelle und kollektive Weltsicht inzwischen in vielen Belangen mitprägen. Zugleich sind algorithmische Automatisierungsverfahren unablösbar in Prozesse sozialer Komplexitätsreduktion eingelassen: Sie sind nicht nur in ihrer Grundanlage ein Produkt genuin sozialer Entscheidungen, sondern unterliegen auch in ihren konkreten Operationsweisen kontinuierlicher Anpassung an veränderte gesellschaftliche Erwartungen – durch Prozesse maschinellen Lernens oder durch betreiberseitige Rekodierung (Dolata & Schrape, 2023: 13 f.).

4) *Funktionale Sinnsysteme verlieren in der digitalisierten Gesellschaft keineswegs an Bedeutung.* Die Referenzen sozialer Funktionssysteme wie Wirtschaft, Politik und Recht treten gegenüber netzwerkartigen Konfigurationen nicht in den Hintergrund, sondern gewinnen angesichts der erhöhten Sichtbarkeit des polykontexturalen Charakters gesellschaftlicher Wirklichkeitskonstruktion weiter an Gewicht. Funktionale Sinnsysteme prägen das „Netzwerk an Erinnerungen und Erwartungen" (Luhmann, 1997: 653) sowohl in zwischenmenschlichen, medial vermittelten als auch (halb-)automatisierten Kommunikationskontexten. Auch Anwendungen ‚künstlicher Intelligenz' richten sich in ihrer Weltbeobachtung und ihren Sinnangeboten an sozial kristallisierten Leitdifferenzen (z. B. Zahlung/Nichtzahlung) und symbolisch generalisierten Kommunikationsmedien (z. B. Geld) aus.

5) *Eine geteilte Gegenwartsbeschreibung bleibt in einer polykontexturalen Gesellschaft unverzichtbar.* Dies gilt insbesondere für die digitalisierte Gesellschaft, in der das Nebeneinander divergenter Wirklichkeitssichten und selbstreferenzieller Kommunikationszusammenhänge (‚Bubbles') zu einem diskursiven Datum geworden ist. Auch wenn sich viele etablierte Medienorganisationen derzeit in ökonomischer Hinsicht in einer Krise befinden (Jarren & Neuberger, 2020), lassen sich die distribuierten Synthetisierungsleistungen der Massenmedien als soziales Sinnsystem nach wie vor als gesellschaftskonstitutiv begreifen: Über alle Medienkanäle (z. B. Social Media, Medienportale, Rundfunk, Apps) und Programmbereiche (Nachrichten, Unterhaltung, Werbung) hinweg generieren vielrezipierte Medienmarken fortlaufend übergreifend bekannte kommunikative Objekte, die – ob mit Vertrauen oder mit Misstrauen belegt – als allgemeine Bezugsgrundlage in der Kommunikation dienen.

Aus der Sicht des operativen Konstruktivismus mündet die digitale Transformation der Medienstrukturen insoweit nicht in einer Erosion langfristig kristallisierter Modi sozialer Sinnbildung, sondern in einer erneuten Ausweitung der Möglichkeiten gesellschaftlicher Wirklichkeitskonstruktion. Zweifellos fordern die intensivierten Austauschdynamiken im Social Web und der Einbezug ‚künstlicher Intelligenz' in die Kommunikation eingespielte soziale Funktionssysteme zu Veränderungen heraus. Das Grundproblem, für das die Massenmedien als Sinnsystem eine Lösung bieten, bleibt aber auch in der digitalisierten Gesellschaft bestehen: die kontinuierliche Herstellung einer gesellschaftsumspannenden Selbst- und Weltbeschreibung, die als basale Referenz in der allgemeinen Kommunikation dienen kann. Das schließt nicht aus, dass sich künftig neuartige Lösungen zur Aktualisierung einer als geteilt markierten Gegenwartsbeschreibung etablieren, die uns in Form und Gestalt kaum mehr an die Massenmedien,

wie wir sie kennen, erinnern. Deren Wirklichkeitsbeschreibungen werden gleichwohl ebenso ein Objekt öffentlicher Kritik und sozialer Aushandlung sein wie
die Leistungen der Massenmedien heute.

Was Sie aus diesem *essential* mitnehmen können

- In der digitalisierten Gesellschaft wird das Nebeneinander unterschiedlicher Wirklichkeitssichten auf gleicher medialer Zugriffsebene zur Alltagserfahrung.
- Algorithmische Selektionsverfahren und Prozesse sozialer Komplexitätsreduktion wirken in der gesellschaftlichen Wirklichkeitskonstruktion zunehmend ineinander.
- Mit der digitalen Transformation der Medienstrukturen geht eine Potenzierung der Möglichkeiten gesellschaftlicher Selbst- und Weltbeschreibung einher.
- Eine als gemeinsam verstandene Gegenwartsbeschreibung als allgemeine Bezugsgrundlage bleibt in unserer polykontexturalen Gesellschaft unverzichtbar.
- Die Massenmedien werden sich in Form und Gestalt wandeln, aber als soziales Sinnsystem nicht durch Social Media und Algorithmen substituiert werden.

J.-F. Schrape, *Digitale Medien und Wirklichkeit*, essentials, https://doi.org/10.1007/978-3-658-43021-4

Literatur

Abrutyn, S., & Turner, J. H. (2022). *The first institutional spheres in human societies.* Routledge.

Airoldi, M. (2021). *Machine habitus. Toward a sociology of algorithms.* Polity.

Alm, N. (2022). Strukturpolarität. In N. Alm, P. Murschetz, F. Weder, & M. Friedrichsen (Hrsg.), *Die digitale Transformation der Medien* (S. 23–40). Springer VS.

Baecker, D. (2018). *4.0 oder Die Lücke die der Rechner lässt.* Merve.

Baecker, D. (2022). Form und Medium der Digitalisierung. *Soziale Systeme, 25*(2), 476–490.

Bail, C. (2022). *Breaking the social media prism.* Princeton University Press.

Bauder, D. (2023). AP, other news organizations develop standards for use of artificial intelligence in newsrooms. In *Associated Press* vom 17.8.2023. https://apnews.com/article/art ificial-intelligence-guidelines-ap-news-532b417395df6a9e2aed57fd63ad416a (Stand: 8/ 2023).

Berger, P. L., & Luckmann, T. (1966). *The social construction of reality.* Anchor.

Boccia Artieri, G. & Gemini, L. (2019). Mass media and the web in the light of Luhmann's media system. *Current Sociology, 67*(4), 563–578.

Brecht, B. ([1932] 1967). Der Rundfunk als Kommunikationsapparat. In Ders.: *Gesammelte Werke* (Bd. 18, S. 127–134). Suhrkamp.

Brunner, E., & Partlow-Lefevre, S. (2020). #MeToo as networked collective. *Communication and Critical/Cultural Studies, 17*(2), 166–182.

Bruns, A. (2021). Echo chambers? Filter bubbles? The misleading metaphors that obscure the real problem. In M. Pérez-Escolar & J. M. Noguera-Vivo (Hrsg.), *Hate speech and polarization in participatory society* (S. 33–48). Routledge.

Carney, N., & Kelekay, J. (2022). Framing the black lives matter movement. *Social Currents, 9*(6), 558–572.

Carpentier, N., Dahlgren, P., & Pasquali, F. (2013). Waves of media democratization. *Convergence, 19*(3), 287–294.

Cevolini, A. (2022). *L'ordine del Sapere. Un Approccio Evolutivo.* Mimesis.

Couldry, N., & Hepp, A. (2022). Media and the social construction of reality. In D. Rohlinger & S. Sobieraj (Hrsg.), *The Oxford handbook of digital media sociology* (S. 27–39). Routledge.

Degele, N. (2020). Der schwangere Arzt im Praktikum: Interventionen der Gender Studies zu geschlechtergerechter Sprache. *Zeitschrift für Pädagogik und Theologie, 72*(1), 30–41.

Della Porta, D., & Diani, M. (2020). *Social movements. An introduction* (3. Aufl.). Wiley.

Della Porta, D., & Portos, M. (2023). Rich kids of Europe? Social basis and strategic choices in the climate activism of fridays for future. *Italian Political Science Review, 53*(1), 24–49.

Deuze, M., & Beckett, C. (2022). Imagination, algorithms and news. *Digital Journalism, 10*(10), 1913–1918.

Dickel, S. (2022). Der kybernetische Blick und seine Grenzen. *Berliner Journal für Soziologie*. Online first. https://doi.org/10.1007/s11609-022-00475-9.

Dolata, U., & Schrape, J.-F. (2023). Platform companies on the internet as a new organizational form. A sociological perspective. *Innovation*. Online first. https://doi.org/10.1080/13511610.2023.2182217.

Eimeren, B. V., & Maier-Lesch, B. (1997). Die Sache mit der Politik im Fernsehen. *TelevIZIon, 97*(1), 9–12.

Eisenegger, M., Prinzing, M., Ettinger, P., & Blum, R. (Hrsg.). (2021). *Digitaler Strukturwandel der Öffentlichkeit*. Springer VS.

Elias, N. (2001). *Symboltheorie*. Suhrkamp.

Elias, N., & Scotson, J. L. (1965). *The established and the outsiders*. Cass.

Esposito, E. (2022). *Artificial communication*. MIT Press.

Faulstich, W. (2003). *Einführung in die Medienwissenschaft*. Fink/UTB.

Fletcher, R., & Nielsen, R. K. (2018). Are people incidentally exposed to news on social media? *New Media & Society, 20*(7), 2450–2468.

Friedan, B. (1963). *The feminine mystique*. Norton.

Friedenberg, J., Silverman, G., & Spivey, M. J. (2022). *Cognitive science. An introduction to the study of mind* (4. Aufl.). Sage.

Friemel, T., & Neuberger, C. (2023). The public sphere as a dynamic network. *Communication Theory 33*(2/3), 92–101. https://doi.org/10.1093/ct/qtad003.

Gleich, U. (2022). Nutzungsgewohnheiten, Glaubwürdigkeit und Qualität von Nachrichten in sozialen Netzwerken. *Media Perspektiven, 10,* 493–500.

Gillespie, T. (2018). Platforms are not Intermediaries. *Georgetown Law Technology Review, 2*(2), 198–216.

Gillmor, D. (2006). *We the media*. O'Reilly.

Goertz, S. (2022). *„Querdenker". Ein Überblick*. Springer VS.

Gould, S. J. (2002). *The structure of evolutionary theory*. Cambridge.

Günther, G. (1979). Life as poly-contexturality. In Ders.: *Beiträge zur Grundlegung einer operationsfähigen Dialektik* (Bd. 2, S. 283–307). Meiner.

Habermas, J. (2022). *Ein neuer Strukturwandel der Öffentlichkeit und die deliberative Politik*. Suhrkamp.

Hanson, N. R. (1958). *Patterns of discovery*. Cambridge University Press.

Haunss, S., & Sommer, M. (Hrsg.). (2020). *Fridays for Future – die Jugend gegen den Klimawandel*. Transcript.

Hess, C., & Müller, T. (2022). ARD/ZDF-Massenkommunikation Trends 2022: Mediennutzung im Intermediavergleich. *Media Perspektiven, 9,* 414–424.

Herman, S. H., & Chomsky, N. (1988). *Manufacturing consent*. Pantheon.

Hirsch-Kreinsen, H. (2023). *Das Versprechen künstlicher Intelligenz*. Campus.

Imhof, K. (1996). Öffentlichkeit' als historische Kategorie und als Kategorie der Historie. *Schweizerische Zeitschrift für Geschichte, 46,* 3–25.

Jarren, O., & Neuberger, C. (Hrsg.). (2020). *Gesellschaftliche Vermittlung in der Krise*. Nomos.

Jung, S., & Kempf, V. (Hrsg.). (2023). *Entgrenzte Öffentlichkeit*. Trancript.

Kern, T., & Opitz, D. (2021). „Trust science!" Institutional conditions of frame resonance in the United States and Germany: the case of fridays for future. *International Journal of Sociology, 51*(3), 249–256.

Kolo, C. (2022). Social media. In J. Krone & T. Pellegrini (Hrsg.), *Handbook of media and communication economics*. Springer. Online first. https://doi.org/10.1007/978-3-658-34048-3_39-2.

Kümpel, A. (2020). Nebenbei, mobil und ohne Ziel? *Medien & Kommunikationswissenschaft, 68*(1/2), 11–31.

Ludewig, K. (2021). *Einführung in die theoretischen Grundlagen der systemischen Therapie* (4. Aufl.). Carl-Auer.

Luhmann, N. (1973). *Grundzüge der Systemtheorie*. Interview von U. Boehm. https://www.youtube.com/watch?v=QjhEvEEjFJI (Stand: 8/2023).

Luhmann, N. (1981). *Gesellschaftsstruktur und Semantik* (Bd. 2). Westdeutscher.

Luhmann, N. (1984). *Soziale Systeme*. Suhrkamp.

Luhmann, N. (1986). Die Lebenswelt – Nach Rücksprache mit Phänomenologen. *Archiv für Rechts- und Sozialphilosophie, 72*(2), 176–194.

Luhmann, N. (1988). *Erkenntnis als Konstruktion*. Benteli.

Luhmann, N. (1992). *Beobachtungen der Moderne*. Westdeutscher.

Luhmann, N. (1994). *Die Wissenschaft der Gesellschaft*. Suhrkamp.

Luhmann, N. (1996). *Die Realität der Massenmedien*. Westdeutscher.

Luhmann, N. (1997). *Die Gesellschaft der Gesellschaft*. Suhrkamp.

Luhmann, N. (2000). *Organisation und Entscheidung*. Springer VS.

Luhmann, N. (2002). *Einführung in die Systemtheorie*. Carl-Auer.

Luhmann, N. (2014). *Vertrauen* (5. Aufl.). Lucius & Lucius/UTB.

Luttrell, R., & Wallace, A. (2021). *Social media and society*. Rowman & Littlefield.

Marconi, F. (2020). *Newsmakers. Artificial intelligence and the future of journalism*. Columbia University Press.

McLuhan, M. (1964). *Understanding media*. McGraw Hill.

Meineck, S. (2018). Deshalb ist „Filterblase" die blödeste Metapher des Internets. In *Vice* vom 9.3.2018. https://www.vice.com/de/article/pam5nz/deshalb-ist-filterblase-die-blodeste-metapher-des-internets (Stand: 8/2023).

Mölders, M., & Schrape, J.-F. (2019). Digital deceleration. Protest and societal irritation in the internet age. *Österreichische Zeitschrift für Soziologie, 44*(1), 199–215.

Nassehi, A. (2012). What exists between realism and constructivism? *Constructivist Foundations, 8*(1), 14–15.

Nassehi, A. (2019). *Muster. Theorie der digitalen Gesellschaft*. Beck.

Neuman, W. R. (1991). *The future of the mass audience*. Cambridge University Press.

Newman, N., Fletcher, R., Robertson, C., Eddy, K., & Nielsen, R. (2023). *Reuters digital News report 2023*. Reuters Institute for the Study of Journalism.

Pariser, E. (2012). *The filter bubble*. Penguin.

Poell, T., Nieborg, D. B., & Duffy, B. E. (2022). *Platforms and cultural production*. Polity.

Precht, R., & Welzer, H. (2022). *Die vierte Gewalt*. Fischer.

Prey, R. (2020). Locating power in platformization. *Social Media+Society, 6*(2), 1–11.

Qualter, T. H. (1962). *Propaganda and psychological warfare*. Random House.

Rachlitz, K., Waag, P., Gehrmann, J., & Grossmann-Hensel, B. (2022). Digitale Plattformen als soziale Systeme? *Soziale Systeme, 26*(1/2), 54–94.

Rasmussen, J. (2004). Textual interpretation and complexity. *Nordisk Pedagogik, 24*(3), 177–193.

Riedl, M., Lukito, J., & Woolley, S. (2023). Political influencers on social media. *Social Media+Society, 9*(2), 20563051231177938.

Rucht, D. (2023). *Die Letzte Generation.* Ipb Working Paper 2023/1. Ipb.

Schäfer, S. (2023). Incidental news exposure in a digital media environment. *Annals of the International Communication Association.* https://doi.org/10.1080/23808985.2023.216 9953.

Scheler, M. (1926). *Die Wissensformen und die Gesellschaft.* Neuer Geist.

Schrape, J.-F. (2011). Social Media, Massenmedien und gesellschaftliche Wirklichkeitskonstruktion. *Berliner Journal für Soziologie, 21*(3), 407–429.

Schrape, J.-F. (2017a). Der Akteur: Konstruktion und Dekonstruktion einer Beobachtungskategorie. *Österreichische Zeitschrift für Soziologie, 42*(4), 387–405.

Schrape, J.-F. (2017b). Reciprocal irritations: Social media, mass media and the public sphere. In R. Paul (Hrsg.), *Society, regulation and governance* (S. 138–150). Elgar.

Schrape, J.-F. (2021). *Digitale Transformation.* Transcript/UTB.

Schrape, J.-F., & Siri, J. (2022). Facebook und andere soziale Medien. In N. Baur & J. Blasius (Hrsg.), *Handbuch Methoden der empirischen Sozialforschung* (3. Aufl., S. 1349–1361). Springer VS.

Schulz von Thun, F. (2014). *Miteinander reden 1–4. Sonderausgabe.* Rowohlt.

Schütz, A. (1972). Don Quixote und das Problem der Realität. In *Gesammelte Aufsätze II* (S. 102–128). Nijhoff.

Seidler, D. S. (2016). *Die Verschwörung der Massenmedien.* Trancript.

Shannon, C. E., & Weaver, W. (1949). *The mathematical theory of communication.* University of Illinois Press.

Simmel, G. (1890). *Über soziale Differenzierung.* Duncker & Humblot.

Taddicken, M., & Schmidt, J.-H. (Hrsg.). (2023). *Handbuch Soziale Medien* (2. Aufl.). Springer VS.

Tilly, C. (2002). *Stories, identities, and political change.* Rowman & Littlefield.

Van Driel, L. & Dumitrica, D. (2021). Selling brands while staying "authentic": The professionalization of instagram influencers. *Convergence, 27*(1), 66–84.

Von Stieler, K. (1697). *Zeitungs Lust und Nutz.* Schillern im Dohm.

Von Zabern, L., & Tulloch, C. (2021). Rebel with a cause: The framing of climate change and intergenerational justice in the German press treatment of the fridays for future protests. *Media, Culture & Society, 43*(1), 23–47.

Watzlawick, P. (1976). *Wie wirklich ist die Wirklichkeit?* Piper.

Watzlawick, P., Beavin, J. H., & Jackson, D. (2016). *Menschliche Kommunikation* (13. Aufl.). Hogrefe.